认标志

童心 编

化学工业出版社
·北京·

编绘人员名单：

王艳娥　于冬晴　宁天天　董维维　李　娜　陈雨溪　孙雪松　张云廷

图书在版编目（CIP）数据

童眼识天下.认标志 / 童心编. —北京：化学工业出
版社，2018.5（2024.10重印）
ISBN 978-7-122-31907-4

Ⅰ.①童…　Ⅱ.①童…　Ⅲ.①常识课-学前教育-
教学参考资料　Ⅳ.①G613

中国版本图书馆CIP数据核字（2018）第069063号

项目策划：丁尚林　　　　　　　　　　　　　　责任校对：宋　夏
责任编辑：隋权玲　　　　　　　　　　　　　　美术编辑：尹琳琳

出版发行：化学工业出版社（北京市东城区青年湖南街13号　邮政编码100011）
印　　装：北京宝隆世纪印刷有限公司
889mm×1194mm　1/24　印张4　2024年10月北京第1版第10次印刷

购书咨询：010-64518888　　　　　　　售后服务：010-64518899
网　　址：http://www.cip.com.cn
凡购买本书，如有缺损质量问题，本社销售中心负责调换。

定　　价：22.80元

标志，是表明特征的记号或事物。在生活中，我们总能见到各种各样的标志：它们的外形多样，上面有着不同的图案，代表着不同的意思，而且被放在不同的地点。

小朋友，你了解各种标志吗？举个例子，如果在步行街上竖立着一个标志牌，上面画着大人牵着孩子前进的图案，你知道它是什么意思吗？或者在轰隆隆的施工现场，贴着一个画着大大惊叹号的三角形标志，它又有什么含义呢？……

不知道没关系，赶紧来看看《认标志》一书吧！这本书用简洁生动的语言，配以精美图片和轻松的漫画，为大家生动形象地介绍了安全标志、交通标志以及其他生活标志等160余个标志，能够帮助小朋友们快速熟悉这些标志的特点以及用途。

边看边学，认识标志很轻松。小朋友，赶快行动起来吧！

目录

CONTENTS

人行横道

此标志指在车行道上用斑马线或其他标线表示的规定行人横穿车道的步行范围。出现此标志的地方，车辆应当减速慢行，礼让行人。

禁止行人通行

此标志表示禁止行人通行，以免发生事故。此标志设置在禁止行人通行的路段入口处，起预先告知并及时制止的作用。

安全通行守则

行人在横穿马路时，不要抄"近道"，应走斑马线，并注意观察红绿灯。

人行天桥

　　为了避免车流和人流平面相交时的冲突，许多城市都会在车流量较大、行人密集的地段、交叉路口、广场以及铁路上方，设立人行天桥，以保障过往行人的安全。

 **配套设施**

　　一些人行天桥会设置电动扶梯、升降机、自动行人道以及空调（密封式的）等。

直行

禁止直行

直行标志一般出现在道路指示牌上，或是红绿灯处，以立牌显示。该标志用于提醒车辆驾驶员：请往前开，不能拐弯，不可以掉头。

这个标志表示禁止一切车辆继续向前行驶，必须换行其他路线。小朋友如果看到这个标志，可要记得提醒驾驶员不能往前开了，可以选择拐弯或者掉头。

安全通行守则

在直行路段，勿存侥幸心理，请勿拐弯或掉头。

步行

这个标志表示此街道是行人专用道，只供步行，不准各类车辆进入。此标志牌设置在步行街的两端，位置醒目。

世界著名步行街道

美国纽约第五大道、法国巴黎香榭丽舍大街、英国伦敦牛津街、日本东京都新宿大街等。

左转弯

左转弯设在车辆必须左转弯的路口之前的适当位置，表示车辆只能向左转弯。

禁止向左转弯

这个标志表示前方路口禁止一切车辆向左转弯。小朋友如果看到这个标志，要提醒驾驶员不可以在该路段左转弯。

安全通行守则

禁止左转弯处不准掉头。

右转弯

右转弯设在车辆必须向右转弯的路口之前的适当位置，表示车辆只能向右拐弯。

禁止向右转弯

这个标志表示前方路口禁止一切车辆向右转弯。我们看到这个标志，就知道在该路段车辆不可以向右转弯。

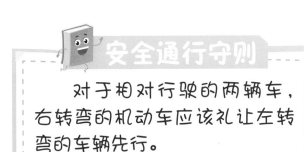

安全通行守则

对于相对行驶的两辆车，右转弯的机动车应该礼让左转弯的车辆先行。

直行和向左转弯

这个标志表示只准车辆直行和向左转弯。小朋友看到这个标志，就知道车辆可以放心直行，也可以向左转弯，但是不可以驶向其他方向。

直行和向右转弯

直行和向右转弯标志表示只准车辆直行和向右转弯。如果在标有该标志的路段上行车的驾驶员的行驶方向既不是直行，也不是向右转弯，那他就违反交通规则了。

动动脑

小朋友，你知道右图的车辆应该怎么行驶吗？

向左和向右转弯

此标志表示只准车辆向左和向右转弯。我们看到这个标志的时候，就该明白车辆在此处只可以向左转弯或者向右转弯。

直行车道

车辆直行标志一般在地面车道上显示。当我们看到这个标志的时候，可以直行，也可以根据运行需要从车道两侧虚线变道行驶。

动动脑

小朋友，看一看右图，请你说一说图中的汽车在画面中的车道上可以怎样行驶。

允许掉头

此标志表示允许掉头。当我们看到这个标志的时候，如果车辆需要掉头的话，就可以从掉头车道把车往回开。

禁止掉头的路段

出现"禁止向左转弯"标志处、路口设有斑马线的区域、最左侧车道没有掉头箭头、道路中心线是黄实线，以及桥梁、陡坡等危险路段。

禁止掉头

该标志表示前方路口禁止一切车辆掉头，一般设置在禁止掉头路口前的适当位置，提前告知驾驶员，以免驾驶员慌乱，引起不当操作，造成事故。

机动车车道

该标志指示的是专供机动车行驶的车道，一般位于道路的中间。行人和非机动车请勿靠近该标志所指示的路段，否则容易引发交通事故。

安全通行守则

行人或其他车辆见到"机动车车道"标志后，应果断避开该车道，以免引起交通事故，害人害己。

机动车行驶

这个标志用来提醒大家：这个路段只允许机动车通过，行人和非机动车辆不准通行。这个标志一般设置在交叉路口入口处适当位置或车道起点，以免行人和其他车辆误入。

非机动车车道

指专供非机动车（自行车、人力车、畜力车等）和符合国家标准的残疾人机动轮椅车及电动自行车行驶的车道。该标志用于提醒机动车驾驶员，不要驶入该车道。

非机动车行驶

这个标志用来提醒机动车驾驶员：此路段禁止机动车行驶，请勿将车辆驶入。这个标志会设置在非机动车车道或车道的起点、交叉路口入口前适当位置。

安全通行守则

骑自行车上路时，不要抢行、猛拐、争道；行人过马路时注意不要打闹。

禁止机动车通行

此标志表示严禁机动车通行。车辆驾驶员看到此标志后，就应该绕开此路段，不能贪图便捷违反规定，否则容易酿成交通事故，自己最终也难逃处罚。

常见的禁止机动车通行路段

学校旁、无车区（街道）等。

禁止非机动车通行

此标志表示禁止非机动车通行。小朋友看到这个标志的时候，就该明白不可以把自行车、三轮车、电动自行车、残疾人机动轮椅车、马车等人力或畜力车开进这条车道。

鸣喇叭

这个标志表示，机动车行驶到该标志处必须鸣喇叭。车辆驾驶人员应严格遵守，否则容易引发交通事故。

禁止鸣喇叭

这个标志表示，机动车行驶到该区域时严禁鸣喇叭，以免产生噪声。

常见的鸣喇叭警示路段

公路的急转弯处、陡坡等视线不良路段的起点等。

停车场

停车场是供停放车辆的地方，该标志一般就设置在停车场的入口处，看见这个标志就可以放心停车了。

常见停车场种类

暖式车库、冷室车库、车棚和露天停车场。

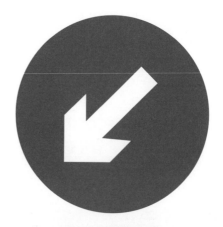

靠右侧道路行驶

靠左侧道路行驶

此标志表示只准车辆靠右侧道路行驶。我们看到这个标志的时候，必须要将车辆靠右行驶。

此标志表示只准车辆靠左侧道路行驶。当我们看到这个标志的时候，就明白车辆必须靠左行驶。

安全通行守则

小车靠边行驶有技巧：当遇到靠左侧道路行驶标志或靠右侧道路行驶标志时，要低速慢行，注意左右两侧间距，以及前方有无行人和车辆，确保安全后再驶入标志提示的车道。

停车让行

这个标志表示，车辆必须停在停止线以外，先观察，确认安全后再通行。

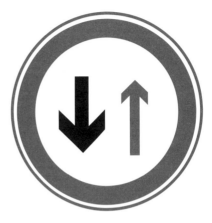

会车让行

这个标志表示，在车辆会车时，必须停车让对方车辆先行通过。

常见的停车让行警示路段

与交通量较大的干路平交的支路路口、无人看守的铁路道口、其他需要设置的地方。

限制宽度

此标志表示禁止装载宽度超过标志所示数值的车辆通行。这个标志设置在宽度受限制的地方。

限制高度

出现这个标志时，车辆驾驶员就应该注意自己车辆的装载高度是否超过了标志所标示的数值？如果超过，就不能通过该路段了。

限高的作用

保障车辆与道路设备、设施的安全；保护该路段不可移动的重要电缆、管道、涵洞以及上方的高速路桥等的安全。

限制质量

这个标志提醒驾驶员车辆不要过度载重，严禁总质量超过标志所示数值的车辆通行。车辆装载超重，一方面会对路桥造成严重危害，另一方面车辆也不容易控制，容易引发事故。

限制速度

此标志表示某个路段限制速度。这个标志设置在限制车辆速度的路段的起点，标志上会标明限速数值。

常见的限制质量警示路段

需要限制车辆质量的桥梁两端。

左侧绕行

当道路前方有障碍物时，人们就会在路段前方的适当位置设置这个标志，提醒车辆：请按标志指示减速，左侧绕行通过。

右侧绕行

当道路前方有障碍物，需要车辆右侧绕行通过时，就会出现这个标志。见到这个标志时，车辆就应该减速慢行，然后从障碍物右侧绕行通过。

安全出行守则

车辆驾驶员应严格遵守交通规则，不酒驾，不醉驾。

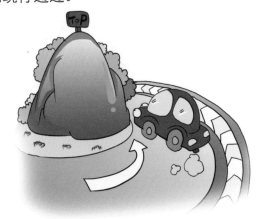

向左急转弯

该标志用以警告车辆驾驶员前方有向左急弯路，应减速慢行。这个标志设置的位置为曲线起点的外面，但不可以放置在圆曲线内。

向右急转弯

此标志表示向右急弯路。当我们看到这个标志时要注意弯道，小心驾驶。

动动脑

小朋友，你知道右图中的车辆应该如何行驶吗？

慢行

这个标志是用来提醒驾车的驾驶员，前方路段需要减速慢行，标志牌设在需要慢行的路段前的适当位置。

需慢行的路段

学校附近、公交车站旁、窄路、无交通标志的岔路口、人行道、正在维修的路段、陡坡、急转弯处等。

注意信号灯

这个标志一般设在不易发现前方有信号灯控制的路口前的适当位置，用来警告车辆驾驶员：前方路段设有信号灯，请按照信号灯指示行车，以保证行车安全。

信号灯的含义

绿灯，在随时准备制动的状态下行驶；黄灯，停车并注意后续车辆，如果已经超过停车线，可以继续前行；红灯，停车。

注意儿童

此标志用来警告车辆驾驶员：注意附近有儿童过往，请减速慢行，保证儿童安全。

常见的警示路段

幼儿园、小学、少年宫、儿童游乐场等场所附近。

当心车辆

在人车混行路段、平交路口、道路拐角处以及车辆出入较多的厂房或车库等出入口，都应该设置此标志，用于提醒路人：这里车多，路况复杂，请行人注意安全。

当心火车

在火车经过的路口或是行人可靠近的铁道旁都设有该标志，这个标志提醒过往的行人与车辆：有火车会从这儿经过，不跟火车抢道、抢时间，确认安全后再通行。

安全出行守则

走路时集中精神，尤其过马路时，切勿玩手机、打电话或听音乐等，勿打闹、跑跳。

十字交叉路口

该标志用来提醒车辆驾驶员：注意横向开来的车辆，谨慎驾驶，减速慢行。行人在通过十字交叉路口时，也要注意看看左右，保证安全通行。

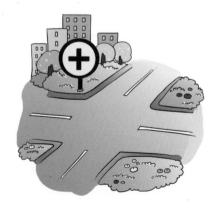

T 形交叉路口

该标志设在与交叉口形状相符的道路上，用于提醒车辆驾驶员：即将驶入路口，请减速慢行；如果车辆、行人较少，可缓慢通过；如果车辆、行人较多，则应该停下，等对方通过后再行车。

安全通行守则

在没有信号灯的情况下，如果右方有车辆想要通过路口，一定要让右方车辆先行。

Y 形交叉路口

该标志用来提醒过往车辆驾驶员与路人：前方就是Y形交叉路口，请注意减速慢行，安全通过。由于没有信号灯、视线不清等原因，Y形交叉口极易发生事故，通行时需要格外小心。

安全通行守则

减速慢行，集中精神，不疲劳驾驶。

事故易发路段

事故易发路段标志，用来警示驾驶员前方道路为事故易发路段，驾驶时需谨慎。这个标志也会设置在"事故易发路段"前的适当位置。

渡口

这个标志一般设在渡口以前适当的位置，提示车辆驾驶员：前方有渡口，请注意安全，以免发生安全事故。

安全出行守则

车辆驾驶员在见到渡口标志时，请减速慢行。

隧道

此标志设在隧道前适当的位置，提示车辆驾驶员：前方就要进入隧道了，请谨慎驾驶。

施工

此标志是用来告诉人们：前方道路正在施工，请您减速慢行或绕行，以保证自身安全。此标志一般放置在施工路段前合适的位置。

安全出行守则

进入隧道时，提前打开前照灯和示廓灯，货车注意高度限制，保持车速和车距，不变道、不超车等。

注意安全

这个标志会出现在许多地方，而且这种标志还具有流动性，它是提醒大家：附近有潜在的危险，大家需要格外注意安全，以免突遭危险。

常见的安全警示场所

行人在横过马路时，不要抄"近道"，应走斑马线，并注意观察红绿灯。

当心火灾

在火灾易发的危险场所以及林区等处，生火、玩火、丢弃未掐灭的烟头等行为都是危险的。见到这个标志后，一方面要做到禁止烟火，另一方面应选择离开。

注意牲畜

这个标志是用来提醒车辆驾驶员，注意减速慢行，以免撞到或惊到出入的牲畜，引发事故。

当心坑洞

在有坑洞易造成伤害的作业地点，都应该设此标志，以提醒过往人员：这附近有坑洞，经过时请小心，请勿在附近打闹，以免掉入洞中，造成不可估量的后果。

常见的牲畜警示路段

公路上经常有牲畜横穿和出入的地点前的适当位置。

当心腐蚀

见到这个标志时，大家一定要小心，千万别触碰周围的物品，因为它们或它们中的某一件很可能具有腐蚀性，一旦与皮肤接触，即有可能腐蚀皮肤，甚至造成永久性伤害。

常见的腐蚀警示场所

有腐蚀性物质的作业地点，如化工厂、药品厂或一些实验室等。

污水排放口

这个标志表示此处是污水排放口，污水排放口排出的废水可能含有有毒物质。小朋友看到这个标志时，一定要远离这些污水，以免受到伤害。

当心中毒

出现这种标志，说明附近存在有毒物质，提醒进入该场所的各类人员需做好防护工作并小心操作，以免不慎引发中毒。

当心感染

出现这种标志的地方，即预示着该区域有潜在感染致病物质的危险，提醒大家应做好防护措施，或尽量不要靠近。为了自身的健康和安全，大家见到这个标志后，就应该尽可能不靠近、不接触。

常见的中毒警示场所

有毒物质的生产、储运和使用场所。

当心烫伤

在具有热源且易造成伤害的作业地点，会设置此标志，警告作业人员：做好防护，集中精神，按规定操作作业，保护自身安全，以免被烫伤。

当心爆炸

在各种易发生爆炸的危险场所，都会设置该警告牌，警示人们：这里有发生爆炸的潜在危险，请快速离开。见到这个标志，我们不仅不要在此逗留，更不能携带易燃易爆物品到此。

常见的烫伤警示场所

冶炼、锻造、铸造、热处理车间等。

当心触电

这个警告标志一般设置在附近有电源的地方，或可能发生触电危险的电器设备和线路旁，警告人们：靠近可能会触电，请远离。

当心电缆

这个标志一般出现在暴露的电缆附近，或者地面下有电缆施工的地点。看到这个标志，我们一方面要注意保护自己，另一方面要注意不损害电缆。

常见的触电警示场所

发电厂、变电箱、配电室、电源开关等。

当心瓦斯

瓦斯是一种无色无味的气体，除了家用瓦斯外，各种矿井（尤其是煤矿）中也都有瓦斯。这个标志是警告大家：此处有瓦斯，玩火或操作不当等危险行为，可能会引起爆炸，需注意。

常见的瓦斯警示场所

瓦斯充气站、矿山、油田等。

废气排放口

这个标志表示此处是废气排放口，提醒人们不要在此逗留，以免发生意外。废气排放口排出的气体容易引起上呼吸道感染，甚至中毒。

当心伤手

　　"当心伤手"是工厂内部常见的安全标志牌，在一些易造成手部伤害的机械加工车间常常会设置这个标志，警示工人在作业时要严格按照标准操作，以免伤到自己的手。

常见的伤手警示场所

　　玻璃制品、木制加工、机械加工车间、施工工地等。

当心扎脚

　　这个标志一般出现在散落或堆积有各种尖锐物品的场所，用于警告人们：注意脚下安全，切勿粗心大意而不小心扎到脚。

当心滑跌

大家看到这个标志时，应立即想到此处容易发生滑跌，走路时要更加注意脚下，以免不慎摔倒，不仅失了礼仪，严重的还会导致受伤。

常见的滑跌警示场所

地面有油、冰、水等物质及滑坡处，前方有障碍物的路段。

当心绊倒

前方出现道路不平坦或障碍物多的路段，往往都能见到这个警告标志，提示大家：前方道路不好走，大家小心脚下，以免绊倒磕伤自己。

当心坠落

易发生坠落事故的作业地点，通常都会设置这个标志，警示工人要注意做好防护措施，操作要得当谨慎，保护自己的人身安全。

当心落水

这个标志警示大家：附近水域的水位较深，容易出现溺水事故，提醒大家请勿靠近水边更不要下水，以免危及生命安全。

常见的坠落警示场所

脚手架、高处平台、地面深沟（池、槽）、建筑施工工地、高处作业场所等。

禁止烟火

在生产、储存和运送各类易引起火灾的危险物品的场所，都是禁止使用明火的。所以，大家在见到这个标志时，一定不能玩火，任何一点儿小火星都不能有，否则可能会酿成惨剧。

禁止带火种

出现这个标志的地方，一般是容易发生火灾的场所，它警示大家不要带火柴、打火机等各类能产生火焰的物品进入该区域。大家见此标志，一定要严格遵守，以免害人害己。

常见的禁止烟火场所

面粉厂、焦化厂、粉煤厂、加油站、施工工地、森林等。

禁止乘人

大家在看到这个标志时，就应该自觉止步，不踏入该标志所指的升降设备。因为这些升降设备要么是专为运货提供，要么有特殊用途，大家不要乘坐。

常见的禁止吸烟场所

学校、医院、体育馆、公共文化场馆、公共交通工具内、加油站、外操作载货电梯框架等。

禁止吸烟

吸烟有害健康，而二手烟的危害尤其大，所以许多公共场所都有明文规定：禁止吸烟。吸烟者看到这个标志时，应自觉不吸烟；看到别人吸烟时，应礼貌地提醒对方，为大家营造一个良好的空间。

禁止用水灭火

由各种油类、电力以及化学品等引起的火灾，如果用水去灭火，会导致火势更加猛烈甚至造成触电、有毒物质扩散等更严重的后果，因此不能用水灭火。出现这个标志的地方，即表示用水灭火是错误的、有害的。

常见的禁止用水灭火场所

变压器室、乙炔站、化工药品站、各种油库、电力塔等。

禁止攀登

出现该标志的地方，即为不允许攀爬的危险地点。如果见了这个标志，还依然任性而为，强行攀登，极有可能会受伤，甚至危及生命。

禁止放易燃物

在有明火高温作业设备场所放置易燃物是十分危险的，所以在这些场所都设置这个标志，明令禁止放易燃物，否则可能发生火灾或爆炸，对自己及他人的生命和财产安全造成威胁。

常见的禁止放易燃物的场所

动力区，各种焊接、切割、锻造车间，高压设备室等。

禁止入内

这个标志表示不允许外人私自入内。小朋友，我们看到标有这个标志的场所可不要随便进去哟，一定要征得许可才能进入。

加油站

禁止停留

在对人身有直接危害的场所，都应设置该标志，提醒人们不要在此停留，以免意外受伤。大家看到这个标志时，也应该主动快速离去，免得招来横祸。

常见的禁止停留场所

粉碎场地、危险路口、桥口专用的运输通道、作业流水线等。

禁止跨越

在许多危险地段，都会设置"禁止跨越"标志，警示路人：跨越会出现危险，请绕道。大家看到这个标志，应该自觉遵守，否则极有可能伤害自己。

禁止触摸

禁止跳下

在禁止触摸的设备或物体附近，都会设有这个禁止标志。如果不听劝告，擅自去触碰不该触碰的东西，很可能会出现触电、中毒、被烫伤或被腐蚀等危险情况，需要特别注意。

出现这个标志的地方，就意味着跳下十分危险，可能给自己带来极大的伤害。所以，大家看到这个标志时，请勿做"跳下"这个危险动作。

常见的禁止触摸场所

裸露的带电物体、有毒腐蚀性物体、车站站台等处。

禁止靠近

禁止靠近标志提醒人们：不要靠近危险区域，如高压试验区、高压线、输变电设备的附近等。高压电十分危险，它的电流十分强大，能让人瞬间毙命。

禁带宠物

很多公共场所会有禁止携带宠物的标识。因为您的爱宠会随地大小便，会不分地点地乱叫，会影响到他人的出行安全和平静生活，因此如果看到这个标识，烦请您将您的宠物放在门外等候。

安全守则

自觉远离高压电设备，更不能去触碰、攀爬，以免出现危险。

禁止抛物

高处作业现场、深沟（坑）等处，是禁止抛物的。高空抛物会造成许多安全隐患，对他人的人身与生命安全造成极大的威胁，因此严令禁止。

高空坠物的威力

一个人被一个从4层楼的高度扔下的鸡蛋砸中头部，会肿起一个包；如果是从10楼扔下的，他会被砸得头破血流；如果是从30楼扔下的，可能会出现生命危险。

禁止开启无线移动通信设备

　　一般禁止开启无线移动通信设备，是由于这些设备可能会产生电磁干扰或直接引起灾难，对整个区域内的人群造成威胁。见到这个标志时，我们应主动关闭无线移动通信设备。

常见的禁止开启无线移动通信设备场所

火灾区、爆炸场、加油站、飞行中的航天器内、油库中、化工装置区等。

禁止游泳

禁止携带易燃易爆品

在危险的水域游泳，很可能造成溺亡；而在水库等水源地游泳，则会对水源造成污染。因此，为了自身安全和公众利益，在看到"禁止游泳"的标志时，请勿下水。

在行车过程中，易燃易爆品容易引起火灾或爆炸，对乘客乘车安全造成威胁，因此在乘坐公共交通工具，如飞机、火车、汽车、地铁时，我们都不要携带易燃易爆品。

常见的禁止游泳场所

水库、私人鱼池、海边隔离网外面、危险的河段或湖泊等。

禁止燃放烟花爆竹

　　燃放烟花爆竹会造成空气污染和噪声污染，对人们的身心健康不利，除了规定时间外，城区是禁止燃放烟花爆竹的。而在禁烟火的场所，是任何时候都不允许燃放烟花爆竹的。

常见的禁止燃放烟花爆竹场所

　　学校、医院、文物保护单位、机场、车站、加油站、山林、沼气池、电力设施附近等。

禁止乱动消防器材

　　各处所设的消防器材设施，是用来应急灭火的，禁止挪作他用及改变位置，严禁损坏，否则会带来严重后果。

禁止拍照

禁止拍照一般是出于安全保护、隐私保护、版权保护、文物保护等原因。生活中许多地方都有这种标志，大家看到这种标志的时候，请严格遵守，不要拍照。

禁止放风筝

风筝虽小，但是却可能引发大事故，例如：风筝飘移到机场上空，就会危及飞机的飞行安全；风筝落在高压线上或机车的受电弓上，可能造成电网故障，还可能出现触电事故。所以，标有这个标志的地方，是不允许放风筝的。

常见的禁止放风筝场所

机场附近、高压线附近、铁路沿线、公路等。

紧急出口

紧急出口

　　紧急出口是建筑物内作为紧急用途（如火灾）的特别出口，用来快速安全地疏散人群，是重要的逃生通道。遇到火灾等危险状况时，大家应该往这个标志指示的方向跑。

安全守则

　　紧急疏散时应快速有序地通行，不要推搡抢先，避免造成踩踏事故。

安全楼梯

多数高层建筑内部都设有安全楼梯，在发生火情等突发状况时，用来疏散人群。安全楼梯从底层直通楼顶，除消防器材外，平时不准堆放任何杂物，如见有人堆放，应及时阻止。

应急避难场所

应急避难场所，就是在发生突发事件（如火灾、地震、爆炸、洪水、疫情等）时用于安置危险区域内疏散人员的场所，一般具备应急避难指挥中心、独立供电系统、应急直升机停机坪、应急消防设施、应急避难疏散区、应急供水等11种应急避险功能。

常见应急避难场所

公园、广场等空旷处。

问询处

这个标志表示这里会为旅客提供各种旅行信息，如列车问询、道路问询等。

电梯

这个标志表示此处是电梯，或者指明附近电梯的方向。小朋友乘坐电梯时，应根据自己上行或下行的需要按按钮。如果电梯出故障，不要惊慌，立刻按救助按钮等待救援。

 小·知识

小朋友外出旅行时，如果想了解一些信息，可以到问询处寻求帮助。

上楼楼梯

表示供人们使用的向上行走的楼梯。小朋友在上楼时要注意文明，靠右侧通行。

下楼楼梯

表示供人们使用的向下行走的楼梯。我们在下楼时记得要靠右侧通行哟。

动动脑

小朋友，按照左图中人物的行走方向，楼梯口应该贴上楼楼梯标志还是贴下楼楼梯标志？

向上自动扶梯

表示供人们使用的向上的自动扶梯。小朋友要站在扶梯的右侧，不要在扶梯上打闹、玩耍，以免发生危险。

向下自动扶梯

表示供人们使用的向下的自动扶梯。小朋友要站在扶梯的右侧，脚不要踩在扶梯两个阶梯的接缝处，以免危险事故发生。

安全指南

搭乘自动扶梯时，手扶牢，脚站稳，勿踩黄线，莫逆行。

禁止饮用

饮用水有严格规定，对于不符合饮用标准的水是严禁饮用的，否则会引起身体不适，甚至危及生命。所以，当看到这个标志时，即使再渴，我们也不要取水喝。

禁止饮用的水

循环水、工业用水、受污染的水、消防水源等。

饮用水

表示此处的水源清洁无污染，可以放心饮用。如果谁口渴了，可以放心地喝水。

紧急呼救电话

表示在紧急情况下，需要他人援助和帮助时使用的电话。这个标志多设置在公共场所、建筑物、服务设施、工地、厂矿、桥梁、隧道、方向指示牌、运输工具等等。

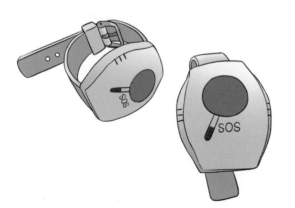

紧急呼救设施

表示在紧急情况下，供人们发出警报，以请求救援和帮助的设施。需要注意的是，这个设施不能发出火警等特殊警报。

安全指南

小朋友们平时看到紧急呼救设施，可不要为了好玩而按压呼救按钮哟，否则当真的危险来临时，援救人员会误以为是恶作剧。

火警报警设施

　　这个标志提醒人们，附近有火警报警设施。当发生火灾时，人们可以根据这个标志及时找到报警设施。按动火灾报警按钮，就会响起火灾警报声。

行李寄存

　　在机场或车站，如果你想寄存行李，就要寻找这个标志。这里会给你提供暂时寄存行李的服务。

动动脑

　　小朋友，右图中约翰先生发现带着行李买票很不方便，你有什么建议吗？

男性

在更衣室、卫生间、公共浴室等公共场所看到此标志，表示此处为男性专用的场所。小朋友可要看准了，不要走错地方哟！

女性

在更衣室、卫生间、公共浴室等公共场所看到此标志，表示此处为女性专用的场所。小朋友可要看准了，走错了的话，可是要闹笑话的！

 动动脑

小朋友，请你仔细看看右图的标志，你能说说它表示什么含义吗？

废物箱

表示可容纳废弃物的器具或指明废弃箱的地点。如果小朋友们想丢垃圾，千万不可以随便乱扔，要做一个环保小卫士，把垃圾丢进废物箱哟。

失物招领

如果有旅客丢失了物品或捡到他人丢失的物品，都可以到有此标志的地方认领或上交。这个标志一般由手套、伞和包的图形构成，由上至下排列。

动动脑

小明把书落在地铁上了，幸好书里夹着图书借阅表，地铁工作人员联系到他，并通知他去领取，他应该到哪里领这本书呢？

国内直拨电话

有"DDD"的标志，就表示这部电话可以直接拨打国内长途。拨打国内长途电话的方法是国内字冠0+长途区号+电话号码。

国际直拨电话

有"IDD"这个标志，就表示这部电话可以直接拨打国际长途。拨打国际长途电话的方法是国家代码+区号+电话号码。

动动脑

小朋友，家在西安的小熊要给住在北京的小松鼠打电话，它应该打国内直拨电话还是国际直拨电话呢？

贵宾服务

"VIP"是英文"Very Important Person"的缩写,意思是贵宾。此标志表示专为贵宾提供服务。服务会非常周到哦!

无障碍电梯

适合乘轮椅者、视障人士或担架床可进入和使用的电梯。公共建筑物配备电梯时,必须设无障碍电梯。

动动脑

小朋友,右图中的乔治先生要乘坐电梯去二楼,他应该乘坐哪种电梯呢?

飞机场

此标志一般出现在高速路上，指示飞机场所在位置，方便人们找到它。

飞机的家

售票

看到这个标志，就说明与之对应的地方出售票据，通常，我们把带有这个标志的场所称为售票处。电影院、剧院、飞机场、火车站、汽车站等，通常都设有售票处。

中国著名机场

北京首都国际机场、上海虹桥国际机场、上海浦东国际机场、广州白云国际机场、杭州萧山国际机场等。

等候室

表示供人们休息等候的场所。我们常见的车站候车室、机场候机室、医院候诊室等场所都属于等候室。

旅客止步

在车站、机场等公共场所，我们经常会看到这个标志。它表示该场所是不允许旅客进入的。标有这个标志的场所，我们不可以贸然进入哟。

动动脑

小朋友，豆豆和爸爸妈妈以及哥哥将要坐高铁从北京去杭州旅行，到车站时却发现早到了两个小时，他们可以去哪里等呢？你有什么建议吗？

易碎品

表明包装箱内的物品容易破碎，搬运或拿取时要小心轻放，以免碰碎，并要预先做好防碎措施。贴有易碎品标志的物品，在搬运时要注意轻拿轻放，勿压。

怕雨

表明包装箱内的物品不能被雨淋或受潮。为了不影响物品的质量，该标志提醒人们要做好防雨、防潮等有效措施。

动动脑

小朋友，小林要把两个中国红瓷的杯子从广州快递到北京，送给爷爷奶奶，他应该在快递箱上贴上什么标志呢？

易燃液体

表明包装箱内的物品是易燃的液体，如汽油、酒精等。我们看到这个标志时，不要轻易打开包装箱，并且要把它放在远离火源的地方。

易燃固体

表明包装箱内的物品是易燃的固体。我们看到这个标志时，千万不要带火种接近它，也不要在它附近玩耍，以免发生危险。

常见易燃固体

在常温下以固态形式存在，燃点较低，遇火受热、撞击、摩擦或接触氧化剂能引起燃烧的物质，称易燃固体。如赤磷、硫黄、松香、樟脑、镁粉等。

易燃气体

表明包装箱内的气体极易燃烧，要合理放置，远离火种，避免带来不必要的损失或伤害。常见易燃气体有氢、甲烷、丙烷、乙烯、乙烷、乙炔等烃类，以及硫化氢等。

爆炸品

表明包装箱内的物品极易爆炸，要远离火源，搬运的时候要轻拿轻放，避免发生爆炸。火药、炸药、烟花爆竹等，都属于爆炸品。

动动脑

铛铛看到小朋友们拿着点燃的镁棒在装有鞭炮的箱子边玩耍，他应该怎么做才能避免危险发生呢？

剧毒品

剧毒品

这个标志表明物品含有剧毒，会伤及人的生命。如果你看到哪个物品上贴着这个骷髅头，千万不要碰触！

腐蚀品

腐蚀性物品

这个标志表明包装内的物品具有很强的腐蚀性，会对人体造成伤害。小朋友看到带有这个标志的物品时，一定要远离，不要接触，以免受伤。

常见的腐蚀性物品

实验室中有硫酸、硝酸、盐酸、硼酸、王水等酸性腐蚀品，还有NaOH等碱性腐蚀品，这些物质都十分危险，在做相关实验时必须注意做好防护措施！

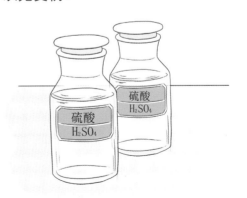

保持安静

在公众场所高声喧哗会影响到他人，会给别人造成困扰。所以，当见到这个标志时，我们应该主动压低自己的说话声音，小声与人交流，不大声说话，更不能大吵大闹。

需要保持安静的场所

图书馆、阅览室、医院、剧场、展览馆等。

请排队

排队礼让是公共秩序文明的基础，排队也折射出人们追求公平有序、高效和谐的公共秩序的心理。大家不仅要自觉排队，当遇到有人插队时，还可以指着标志牌提示对方排队。

常见需要排队的场所

公交车站、医院挂号处、银行、各商场或超市的收银台等。

红色通道

这个标志表示"红色通道"的方向和位置。"红色通道"也叫"申报通道"，是指必须经过海关履行检查和检验手续后，才能放行的通道。选择红色通道的旅客，须向海关出示本人证件和《进出境旅客行李物品申报单》。

小·知识

"绿色通道"是旅客携带无须向海关申报的物品或只出示申报单或有关单证后即可放行的通道。

绿色通道

这个标志表示"绿色通道"的方向和位置。"绿色通道"也称"无申报通道"或"免检通道"。

残障人士专用

出现这个标志，说明该设施、设备或位置是专为残障人士设置的，不该占用，更不能破坏。

医疗点

这个标志表示身患疾病的人们可以在有这个标志的地方得到医疗救助。医疗点是提供简单医疗服务的场所，如医务室、医疗站、急救站等，不代表医院。

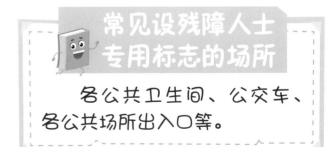

常见设残障人士专用标志的场所

各公共卫生间、公交车、各公共场所出入口等。

租车服务

"租车服务"的标志表示此处附近有提供出租汽车服务的地点。

加油站

加油站是为车辆补充汽油或机油的地方，设在公路两旁。这个标志提醒人们，前方有加油站，同时也提醒加油者注意在加油站的安全，需掐灭火种、停止通话等。

安全守则

加油站内严禁烟火、严禁带入危险品、必须熄火加油、不准敲击铁器等。

P ⛽ 🔧 🍴

天目湖 ↗

服务区

服务区，也被称为休息站，一般设置在高速公路旁，是供过往的车辆旅人进行短暂休息的场所。行驶在高速公路上的驾驶员，只有到了这里才能停车休息。

服务区配套设施

厕所、加油站、饭店、小卖部、旅馆等。

紧急破窗锤

　　紧急破窗锤，又被人们称为"救命锤"，一般安装于汽车等封闭舱室内容易取到的地方。在汽车遇险（火灾、落水等）被困在车中时，我们可以用它砸碎玻璃以顺利跳窗逃生。

破窗锤使用办法

　　用锤子圆锥形的尖端集中敲击玻璃窗的四角或边缘的一个点，直到砸碎玻璃。

必须系安全带

在进行有坠落危险的作业时，系安全带是非常必要的，这样能够在危急时刻救人一命。相反，如果忽略这个标志，不按照指令进行操作，带来的后果可能就是致命的。同时，大家在乘车时，也应该系上安全带，安全出行。

常见的必须系安全带的场所

高处建筑，以及进行修理、安装或清洁等作业的地点等。

必须穿救生衣

在易发生溺水的作业场所，工人如果作业时不穿救生衣，不慎掉入水中很可能发生溺亡。所以，在这些场所都会设置这样的标志，警示工人作业前先穿上救生衣，保护自身安全。

常见的必须穿救生衣的场所

船舶、海洋等水上作业的场所等。

必须穿防护衣

在一些特殊的作业场所，会出现辐射，影响人的身体健康。因此，在这样的场所里，都会设置"必须穿防护服"的指令标志，提醒进入该区域的人员穿上防护服。大家见到这样的标志，就应该主动远离，或穿好防护衣，以免受到辐射。

常见的必须穿防护衣的场所

具有放射、微波、高温及其他需穿防护服的作业场所。

必须戴防毒面具

在具有对人体有害的气体、烟尘等作业场所，都会设置这个标志，时刻提醒进入该场所作业的工人或其他人员：为了自身安全与健康，请认真戴好防毒面具。

常见的必须戴防毒面具的场所

毒物散发地、处理由毒物造成的事故现场、建筑工地等。

必须戴安全帽

在一些头部易受外力伤害的作业场所出入或工作时，都必须戴上安全帽，因为不戴安全帽，一旦发生意外，往往是致命的。所以，在见到这个标志时，千万不能忽视它。

必须拔出插头

在设备故障维修、长期停用、无人值守状态下，插头都必须拔出，以免造成维修人员触电，或是因电路老化而引发火灾。

必须洗手

有可能接触到有毒有害物质的场所，都应设置这个标志牌，提醒工人在接触有毒有害物质作业后，一定要洗手。

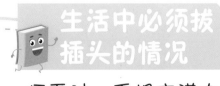

生活中必须拔插头的情况

打雷时、手机充满电后、家用电器不使用时等。

晴

晴转多云

这个标志表示某一地区天气晴好。在晴天的时候，小朋友们可以多到户外活动，锻炼身体。

这个标志表明某一地区天气由晴朗变为多云。这样的天气里，太阳很调皮，就像在跟我们玩捉迷藏似的，一会儿躲进云层，一会儿又会露出笑脸。

小·知识

小朋友，如右图所示天气，可以把喜欢阳光的室内植物搬到太阳下晒一晒，如栀子、石榴、苏铁、郁金香、杜鹃、茉莉、棕榈、橡皮树等。

多云

阴

这个标志表示某一地区是多云天气。在这样的天气里，太阳偶尔会被云朵遮住脸庞。

这个标志表示某一地区天气为阴天。气象特征是乌云布满天空，太阳也跑得无影无踪。

小·知识

　　小朋友，你知道喜欢阴凉的植物有哪些吗？常见的喜阴植物有玉簪、牡丹、文竹、吊兰、扁兰、富贵竹等。阴天的时候可以把它们搬到室外通通风。

小雨

这个标志表示某一地区会下小雨。如果小朋友要在这样的天气里出行，可要记得带雨伞哟！

中雨

这个标志表示某一地区是中雨天气。中雨要比小雨大一些，小朋友如果出门的话，可别忘了带雨具哟！

小知识

雨水是人类生活中最重要的淡水资源，植物也要靠雨露的滋润才能茁壮成长。

大雨

这个标志表示某一地区会下大雨。在大雨天气里，小朋友最好待在家里，不要外出。

大到暴雨

这个标志表示某一地区会有大到暴雨。在这样的天气里，小朋友应该待在家里，不要外出。

安全指南

暴雨常会导致江河水泛滥、山洪暴发、泥石流和山体滑坡等，会危及人们的生命财产安全，造成严重的损失。

阵雨

雷阵雨

这个标志表示某一地区会有阵雨。阵雨多出现在夏天的午后或傍晚，降雨的时间比较短，有时会伴有闪电和雷鸣。

这个标志表示某一地区会有雷阵雨。雷阵雨常发生在夏季，伴着闪电和雷鸣。

安全指南

在雷阵雨天气里，一定要远离树木，千万不要在外面打电话，以免被雷击。

小雪

在气象标志中，雪量的大小用雪花的多少来表示。一片雪花表示的是小雪天气。小雪天气时，小朋友们要注意保暖哟。这样的天气，雪量不大，积存不多，小朋友们如果出门的话，要注意保暖防滑。

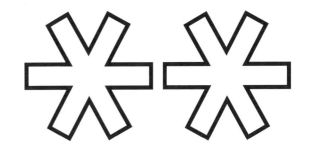

中雪

两片雪花表示的是中雪。中雪天气会有积雪，小朋友们可以在雪后打雪仗、堆雪人。

安全指南

堆雪人时，除了衣服要暖和、防水外，还要特别注意的是手部的保暖，最好的防护措施是戴一副五指分开的防水手套，脚上穿高筒棉皮靴，防止冻伤。

大雪

三片雪花表示的是某一地区会降大雪。大雪过后的天气非常寒冷，小朋友们要注意保暖御寒。

雨夹雪

雨夹雪是雨雪同时降落的天气现象，一般发生在早春或初冬，也叫"湿雪"或"雨雪并降"。用云朵、雪花和雨滴组合图形来表示。

安全指南

降雪有利于缓解冬旱，能冻死农田害虫，有利于冬季旅游的开展。但雪后路滑，容易导致航班延误、公路交通事故和道路拥堵，还容易导致暴雪封山、封路等。

雾

三条杠表示雾天。雾一般在清晨出现。下大雾时，几米之外都看不见人，小朋友在雾天出行一定要注意安全。大气中因悬浮的水汽凝结，能见度低于1千米时，气象学称这种天气现象为雾。

霾

霾，也称阴霾、灰霾，是指原因不明的大量烟、尘等微粒悬浮而形成的浑浊现象。霾的核心物质是空气中悬浮的灰尘颗粒，气象学上称为气溶胶颗粒。

小知识

雾的厚度只有几十米至200米，霾则有1千米至3千米；雾的颜色是乳白色、青白色或纯白色，霾则是黄色、橙灰色；雾的边界很清晰，过了"雾区"可能就是晴空万里，但霾却与周围环境边界不明显。

霜冻

当天气预报提示将出现霜冻天气时，要做好农作物的防冻措施。

小知识

冰雹也叫"雹"，俗称雹子，有的地区叫"冷子"，夏季或春夏之交最为常见。它是一些小如绿豆、黄豆，大似栗子、鸡蛋的冰粒。

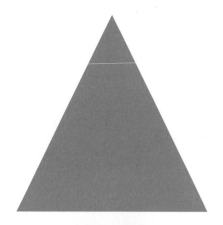

冰雹

冰雹多在晚春和夏季的午后伴随着雷阵雨出现，会对农作物造成很大伤害。下冰雹时，小朋友要避免外出，以免受到伤害。